VENTE
Des 21 et 22 Décembre 1903
HOTEL DROUOT, SALLE N° 6

à deux heures

Par suite du départ de M. E...

IMPORTANT MOBILIER

MEUBLES ANCIENS ET MODERNES, SIÈGES

TABLEAUX, AQUARELLES, PASTELS

Trois beaux Pastels, par **LHERMITTE**

BRONZES D'AMEUBLEMENT ET ARTISTIQUES

PORCELAINES DE LA CHINE ET DU JAPON, FAIENCES

TERRES CUITES — MARBRES — OBJETS DIVERS

Tapisseries anciennes

ÉTOFFES, RIDEAUX, TENTURES, TAPIS

COMMISSAIRE-PRISEUR

Mᵉ **LAIR-DUBREUIL**

EXPERTS

M. **MALLET** | MM. **PAULME** et B. **LASQUIN FILS**

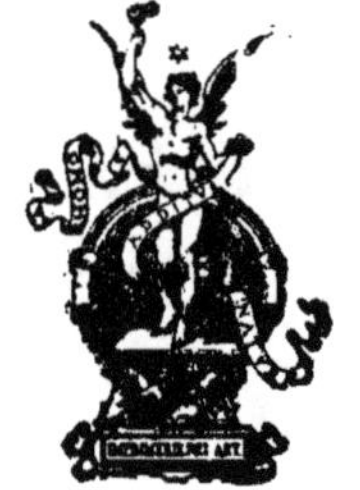

CATALOGUE

D'UN

IMPORTANT MOBILIER

TABLEAUX, AQUARELLES, PASTELS

TROIS BEAUX PASTELS PAR LHERMITTE

PORCELAINES DE LA CHINE ET DU JAPON

PORCELAINES ET FAIENCES DIVERSES

BRONZES D'AMEUBLEMENT ET ARTISTIQUES

Meubles anciens et modernes — Sièges

TERRES CUITES, MARBRES, GLACES, LUSTRES

Objets divers — Verres artistiques — Plaqué

TAPISSERIES ANCIENNES

RIDEAUX, TENTURES, ÉTOFFES, TAPIS

DÉBARRAS, BATTERIE DE CUISINE, MOBILIER COURANT

LE TOUT APPARTENANT A M. E***

Beau Clavecin de JOANNES RUCKERS d'Anvers, 18ᵉ siècle

ET UNE TAPISSERIE

APPARTENANT A DIVERS

DONT LA VENTE AURA LIEU A PARIS, POUR CAUSE DE DÉPART

HOTEL DROUOT, SALLE Nᵒ 6

Les Lundi 21 et Mardi 22 Décembre 1903

à deux heures

COMMISSAIRE-PRISEUR

Mᵉ LAIR-DUBREUIL, 6, rue de Hanovre

EXPERTS

Pour les Tableaux	*Pour les Objets d'art*
M. MALLET	**MM. PAULME et B. LASQUIN FILS**
13, rue du Helder	10, rue Chauchat ǀ 12, rue Laffitte

EXPOSITION PUBLIQUE, HOTEL DROUOT, SALLE Nᵒ 6

Le Dimanche 20 Décembre 1903, de 1 h. 1/2 à 5 h. 1/2

CONDITIONS DE LA VENTE

Elle sera faite au comptant.

Les acquéreurs payeront *dix pour cent* en sus des prix d'adjudication.

L'exposition mettant le public à même de se rendre compte de l'état et de la nature des objets, aucune réclamation ne sera admise une fois l'adjudication prononcée.

Paris —Imp. de l'Art, E. MOREAU et Cⁱᵉ, 41, r. de la Victoire.

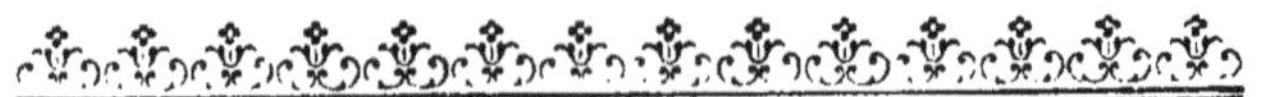

DÉSIGNATION

TABLEAUX

AQUARELLES ET PASTELS

COUTURIER

1 — *Poulailler.*

Toile, signée et datée 1863.

Haut., 5o cent.; larg., 6o cent.

E. CLAUDE

2 — *Nature morte.*

Toile. Haut., 6o cent.; larg., 8o cent.

DUBUFFE Fils

3 — *Le Modèle à l'atelier.*

Pastel.
Signé et daté 1888,

Haut., 9o cent.; larg., 6o cent.

ÉCOLE HOLLANDAISE

4 — *Halte à l'auberge.*

> Bois. Haut., 20 cent.; larg., 27 cent.

B. GUILLEMET

5 — *Mare en forêt.*

> Signé à droite.
>
> Bois. Haut., 23 cent.; larg., 40 cent.

GARCIA Y RAMOS

6 — *Paysan moyen âge.*

> Dessin lavé à l'encre de Chine.

E. ISABEY

7 — *La Confidence.*

> Étude provenant de la vente après décès de l'artiste.
>
> Toile. Haut., 52 cent.; larg., 39 cent.

INCONNU

8 — *Paysage.*

> Toile. Haut., 38 cent.; larg., 70 cent.

J. LE BLANT

9 — *Une Embuscade de Chouans.*

> Gouache.
> Signée à droite.

> Haut., 3o cent.; larg., 48 cent.

J. LE BLANT

1o — *Cavaliers arrêtés à une auberge.*

> Toile, signée à droite.

> Haut., 5o cent.; larg., 6o cent.

LHERMITTE

11 — *La Fenaison.*

> A l'heure accablante de la journée, les moisson-
> neuses ont suspendu leur travail et se reposent à
> l'ombre d'un grand chêne dont les rameaux touffus
> les préservent des ardeurs du soleil. Au fond de
> la prairie apparaissent les toits rouges de la ferme,
> sous un ciel bleu parsemé de légers nuages flo-
> conneux.
> Effet de plein soleil.
> Pastel.
> Signé à gauche.

> Haut., 40 cent.; larg., 54 cent.

LHERMITTE

12 — *La Grande-Rue du village.*

Le terrain est en pente et la rue, bordée de maisonnettes rustiques, descend jusqu'au bas de la côte. Une paysanne, son nourrisson sur les bras, et suivie d'un bambin qui s'accroche à sa jupe, s'arrête pour bavarder avec une commère assise devant sa porte.

Pastel.

Signé à gauche.

Haut., 40 cent.; larg., 5o cent.

LHERMITTE

12 *bis* — *La Veillée.*

Un groupe de cinq paysannes sont réunies dans l'intérieur d'une chaumière et cousent à la lueur tremblottante d'une chandelle posée sur une table.

Très bel effet de clair obscur.

Pastel.

Haut., 43 cent.; larg., 5o cent.

LYNCH

13 — *La Causerie dans le parc.*

Toile, signée à droite.

Haut., 35 cent.; larg., 27 cent.

LYNCH

14 — *L'Avenue du bois de Boulogne.*

Aquarelle.

LYNCH

15 — *La Visite dans une loge de théâtre.*

Aquarelle.

NAVLET

16 — *L'Arrivée de la diligence.*

Aquarelle.

Haut., 36 cent.; larg., 53 cent.

PASINI

17 — *Cavaliers arabes en voyage.*

Toile, signée et datée 1883.

Haut., 23 cent.; larg., 40 cent.

RICHET

18 — *Mare dans une clairière.*

Toile. Haut., 40 cent.; larg , 60 cent.

ROSSANO

19 — *La Saison des foins.*

> Pastel.

> Haut., 80 cent.; larg., 1 mètre.

VOLLON

20 — *Nature morte.*

> Sur une nappe, sont groupés : une soupière en porcelaine de Saxe, un gobelet en argent plein de fraises et un flacon en cristal.
> Bois, signé à droite.

> Haut., 20 cent. ; larg., 26 cent.

21 — Deux gravures en couleur, d'après Rossi : *L'Indiscret* et *Les Femmes savantes.* Cadres dorés.

MÉTAL ARGENTÉ

22 — Deux réchauds, ovale et rond, en métal argenté, de la *Maison Christofle*.

23 — Légumier de la *Maison Christofle*.

24 — Lampe-réchaud en métal argenté.

25 — Cafetière, théière, sucrier, pot à lait en métal argenté, de la *Maison Christofle*.

26 — Petite cafetière en métal de la *Maison Christofle*.

27 — Plateau à deux anses, et un autre petit plateau en métal argenté, de la *Maison Christofle*.

28 — Pelle à miettes et brosse, de la *Maison Christofle*.

29 — Petite corbeille à glace en métal anglais.

30 — Couvert à salade et pince à asperges en métal, de la *Maison Christofle*.

31 — Quatre salières doubles en métal et cristal.

32 — Petit beurrier en cristal, et un petit sucrier en métal argenté.

PORCELAINES DE LA CHINE
ET DU JAPON

PORCELAINES ET FAIENCES DIVERSES

33 — Deux bouteilles en porcelaine de Chine craquelée, décor bleu de dragons.

34 — Vases en ancienne porcelaine de Chine, fond bleu fouetté, rehaussé de dorure.

35 — Deux pots cylindriques, à décor de fleurs, en porcelaine de la Compagnie des Indes, aux armes des Orléans.

(Vente de la Béraudière.)

36 — Paire de grosses potiches, avec couvercle, en porcelaine de Chine, en émaux de couleur, avec sujet à personnages; pieds en bois de chêne.

37 — Paire de petits vases en porcelaine de Chine, à personnages.

38 — Deux grosses potiches en ancienne porcelaine du Japon, à décor d'arbustes, chrysanthèmes.

39 — Autre paire de grosses potiches en ancienne porcelaine du Japon, à riche décor d'arbustes, chrysanthèmes, oiseaux, en émaux de couleur et rehaussé d'or ; riche monture en bronze doré, de style Louis XV. Socles polygonaux en bois noir.

40 — Deux soupières, de forme ovale, avec leur plateau, en porcelaine de Paris, décorée de roses et fleurettes ; rehauts de dorure.

41 — Paire de candélabres, à quatre lumières, en porcelaine de Saxe, les bases, en forme de terrassement, sont ornées de groupes de personnages, représentant : la Leçon de flûte et le Berger endormi.

42 — Compotier en ancienne faïence italienne, décorée de personnages sur fond de paysage.

43 — Autre compotier lobé en ancienne faïence italienne.

44 — Deux compotiers ajourés, deux pots de pharmacie, deux vases à deux anses et un petit plat en faïence italienne.

45 — Plusieurs jardinières en faïence et porcelaine diverses.

BRONZES

D'AMEUBLEMENT ET ARTISTIQUES

46 — Garniture de cheminée composée d'une pendule, deux candélabres à six lumières et une paire de flambeaux en bronze doré. Style Louis XVI.

47 — Galerie, devant de foyer avec pelle et pincettes en bronze doré. Style Louis XVI.

48 — Paire de petits chenets, de style Louis XVI, vases et draperies en bronze doré.

49 — Paire d'appliques à trois lumières, en bronze doré, modèle à rinceaux. Style Louis XVI, disposées pour l'électricité.

5o — Paire de chenets en bronze doré. Style Louis XVI. Modelé à vases et serpents.

51 — Paire de chenets, en bronze et bronze doré : Amours frileux. Style Louis XVI.

52 — Quatre appliques à trois lumières, en bronze doré, surmontées de vases enflammés; disposées pour l'électricité.

53 — Paire de candélabres, en bronze doré, à
six lumières, sur pied à griffes, disposés pour
l'électricité.

54 — Paire d'appliques, en bronze doré, à deux
lumières, modèle à nœuds de rubans. Style
Louis XVI ; disposées pour l'électricité.

55 — Paire de chenets, en bronze doré, à figures
de lions héraldiques.

56 — Vase brûle-parfum et quatre bronzes japo-
nais.

57 — Statuette de guerrier, en bronze du Japon.

58 — Statuette en bronze : Danseur aux casta-
gnettes, de *Delafontaine*.

59 — Statuette en bronze : le Réveil de d'Epinay,
édition de *Barbedienne*.

60 — Statuette en bronze : Ceinture dorée, de
d'*Épinay*.

61 — Deux petits bronzes : Enfants.

62 — Groupe en bronze : Le Baiser, d'après
Houdon. Socle en marbre rouge.

63 — Statuette en bronze, représentant la musique. *Maison Barbedienne.*

64 — Deux petits bustes : Henri IV et Lully, en bronze patiné.

65 — Paul et Virginie ; le Passage du ruisseau. Bronze par d'*Épinay*, édité par la *Maison Barbedienne.*

SIÈGES

ANCIENS ET MODERNES

66 — Chaise longue Louis XVI, d'une seule partie, en bois sculpté et doré, avec pieds à torsades ; recouverte en soie, avec coussin.

67 — Quatre fauteuils de style Louis XVI et quatre chaises de l'époque Louis XVI, en acajou sculpté, canné.

68 — Fauteuil en noyer sculpté et ciré, de style Louis XIII, couvert en tapisserie au point et au petit point, représentant : les Parques.

69 — Petite chaise, de style Louis XVI, en bois
laqué blanc, couverte en tapisserie ancienne
au petit point.

70 — Deux paires de chaises légères en bois
sculpté doré, de style Louis XVI, recouvertes
en velours épinglé.

71 — Petit tabouret de pied, de style Louis XVI,
en bois sculpté et doré.

72 — Tabouret rond, de style Louis XVI, en bois
sculpté et doré, recouvert en soie.

73 — Banquette d'antichambre en bois peint
blanc, garnie en brocatelle, fond vert.

74 — Deux chaises, couvertes en même étoffe.

75 — Deux tabourets en bois noir, incrusté
d'ivoire. Travail italien.

76 — Quatre escabeaux d'antichambre en bois
sculpté.

77 — Trois chaises légères en bois doré, capi-
tonné.

78 — Canapé, quatre fauteuils et trois chaises,
chaise basse à grand dossier sur pouff et
chaise-bascule.

MEUBLES

ANCIENS ET MODERNES

79 — Chaise à porteurs, d'époque Louis XIV, décorée, sur la partie antérieure, d'un sujet peint, représentant la famille de Darius aux pieds d'Alexandre; sur les côtés, de groupes de personnages au milieu de guirlandes de fleurs, et, sur la partie postérieure, d'un sujet allégorique. Elle est garnie intérieurement en ancien velours de Gênes.

80 — Commode, de forme ventrue, en bois de rose et palissandre, ouvrant à cinq tiroirs; poignées et entrées de serrures en bronze doré. Dessus en marbre gris veiné. Époque Louis XV.

81 — Commode Louis XV, à trois rangs de tiroirs, en bois de placage, bronzes dorés et dessus de marbre.

82 — Petite commode Louis XVI, à deux tiroirs, en bois de placage; bronze et dessus de marbre.

83 — Petit guéridon en bois sculpté Louis XVI.

84 — Meuble crédence en noyer sculpté, de style
xvie siècle ; la partie supérieure, ouvrant à un
vantail, est garnie de deux tiroirs et est ornée
de colonnettes sculptées.

85 — Ameublement de salle à manger en noyer
sculpté, de style Renaissance, composé de :
grand buffet à deux corps, côtés à étagères,
dressoir, table carrée et douze chaises couvertes en velours ciselé.

86 — Buffet de salle à manger, en noyer sculpté,
la partie inférieure ouvrant à deux portes ;
la partie supérieure à trois portes, et vitrée.
Style Renaissance.

87 — Grand buffet dressoir, en noyer sculpté,
de même style.

88 — Étagère-servante, en noyer sculpté, de
même style.

89 — Table de salle à manger, à cinq rallonges,
en noyer sculpté, de même style.

90 — Desserte à trois plateaux, en noyer sculpté,
de même style.

91 — Petite table, forme rognon,, avec tablette en acajou, dessus de marbre blanc et appliques en bronze doré.

92 — Petite table guéridon, de forme ovale, à quatre pieds, entre-jambes et marqueterie de style moderne.

93 — Table à jeu, de style Louis XV.

94 — Petit paravent à deux feuilles, en bois sculpté, de style Louis XVI.

95 — Bureau plat, de style Louis XVI, en acajou garni de bronzes dorés.

96 — Table à jeu à quatre volets, de style Louis XVI, en bois d'acajou ; porte la marque *A. Lampré.*

97 — Table-guéridon à quatre pieds, de style Louis XVI, dessus de marbre blanc.

98 — Écran en bois sculpté, de style Louis XVI.

99 — Meuble à deux corps, en noyer sculpté, de style Louis XVI.

100 — Console en acajou, à moulures de bronze doré, ouvrant à un vantail; les côtés, de forme arrondie, sont à étagères à fond de glaces, dessus en marbre blanc. Style Louis XVI.

101 — Secrétaire en acajou, à filets et moulures de cuivre, ornements en bronze doré, dessus de marbre blanc. Style Louis XVI.

102 — Lit de repos en bois sculpté et doré, garni en soie saumon. Style Louis XVI.

103 — Petit bureau à abattant, ouvrant à deux portes, en bois de palissandre sculpté. Style Louis XVI.

104 — Meuble de salon, de style Louis XVI, composé d'un canapé, six fauteuils en bois finement sculpté et doré; recouvert en damas de soie rouge cerise (deux fauteuils sont recouverts différemment), et deux paires de rideaux.

105 — Buffet à quatre portes et deux tiroirs, en bois genre acajou, mouluré et sculpté, de style Louis XVI. *Maison Lalande.*

106 — Grand lit de style Louis XVI, avec son
ciel de lit, en bois sculpté et laqué, à panneaux cannés, avec son sommier, matelas et
deux oreillers.

107 — Petit paravent à trois feuilles, en soie
brodée à fleurs, sur fond saumon.

108 — Bibliothèque en noyer sculpté, ouvrant
à deux portes vitrées ; tiroir à la partie inférieure.

109 — Petite crédence, de style Renaissance, en
noyer sculpté.

110 — Grand meuble-cabinet, en acajou sculpté,
avec panneaux en bronze ; sujets bas-reliefs,
perles et moulures en cuivre.

111 — Armoire en palissandre sculpté, à trois
portes à glaces biseautées.

112 — Table-toilette, en acajou fileté de cuivre ;
la partie supérieure, à colonnettes et dessus
de marbre blanc, est surmontée d'une glace.

113 — Petit bureau plat en acajou, garni de
bronzes.

114 — Table à jeu, en palissandre sculpté.

115 — Bureau en acajou.

116 — Meuble porte-manteau, en bois sculpté, de style gothique.

117 — Deux coffres d'antichambre, en bois sculpté.

118 — Meuble d'entre-deux, ouvrant à deux portes, en bois noir et marqueté d'écaille et de cuivre, genre *Boulle*.

119 — Deux petites tables-guéridons, à étagère, en bois d'acajou et dessus de marbre.

120 — Petite table garnie de peluche.

121 — Table-guéridon en palissandre.

122 — Glace psyché en bois noirci.

123 — Deux paravents chinois, à deux feuilles.

124 — Quatre guéridons divers.

125 — Bureau de travail en bois noirci, deux meubles cartonniers, et chaise de bureau.

126 — Petit casier à musique en palissandre.

127 — Deux socles en bois de fer, formant étagère, avec dessus en marbre.

128 — Piano à queue en bois de palissandre, de la maison Érard.

OBJETS DIVERS, MARBRES

TERRES CUITES, VERRES ARTISTIQUES

GLACES, CUIVRES, LUSTRES

129 — Paire de colonnes en marbre.

130 — Colonne-support avec chapiteau tournant, en marbre de couleur.

131 — Groupe en terre cuite : la Ronde des Amours, de *Carrier-Belleuse*.

132 — Groupe en terre cuite, de *A. Carrier-Belleuse* : jeune femme et amour.

133 — Statuette en terre cuite, par d'*Épinay*.

134 — Lot de statuettes, en plâtre et terre cuite.

135 — Garniture de fenêtre de deux verrières, comprenant quatre vitraux, de style Louis XIII.

136 — Environ dix vases, en verre émaillé et
doré.

137 — Petit porte-bouquet en verre fondu,
émaillé. *Maison Gallé*.

138 — Lot de verrerie à glace, comprenant :
verres, carafes, flacons, coupe à glace, rince-
bouche, fromagère, compotier, confiturier et
pièces de surtout.

139 — Deux vases porte-bouquet en verre blanc,
décoré de fleurs polychromes.

140 — Deux bouteilles à anses, en verre fondu
et gravé.

141 — Beurrier en verre, rehaussé de dorure.

142 — Miroir de salon avec baguette dorée de
style Régence.

143 — Miroir en glace de Venise, avec applica-
tions de bronzes de style Louis XV.

144 — Glace, cadre sculpté et doré de style
Louis XV.

145 — Lot de boîtes en laque.

146 — Boîte à thé en laque, l'intérieur en étain.

147 — Tête de sanglier naturalisée.

148 — Lampe double en métal nikelé.

149 — Deux lampes en émail cloisonné, monture en bronze ; disposées à l'électricité.

150 — Cinq lampes en porcelaine de Chine.

151 — Garniture de cheminée, pendule et deux petits candélabres en cuivre poli.

152 — Paire de chenets, de style Louis XIII, en cuivre ; garniture de cheminée, pelle et pincettes.

153 — Pare-étincelle, forme éventail, en cuivre.

154 — Devant de foyer, pelle et pincettes, pare-étincelle en cuivre.

155 — Paire de bras à gaz, disposés à l'électricité.

156 — Suspension de salle à manger en cuivre, à lampe disposée à l'électricité.

157 — Petit lustre hollandais à six lumières, disposé à l'électricité.

158 — Lustre en cuivre poli, à douze lumières.

159 — Petit lustre de salon, à douze lumières, en bronze et cristaux.

TAPISSERIES ANCIENNES
RIDEAUX, TENTURES, TAPIS

160 — Deux grandes tapisseries-verdures avec oiseaux d'Aubusson, bordure en toile peinte.

161 — Trois portières en tapisserie-verdure d'Aubusson.

162 — Tapisserie-verdure représentant une chasse au cerf.

163 — Tapisserie-verdure offrant dans son paysage des animaux et des volatiles.

164 — Lot de fragments de tapisserie.

165 — Dessus de piano en soie Louis XV et passementerie.

166 — Bandeau de cheminée en velours et broderie de soie au point de Hongrie.

167 — Bandeau de cheminée en tapisserie d'Aubusson, à sujet de personnages. xviie siècle. — Haut., 5o cent.; larg., 2 m. 20 cent.

168 — Bandeau et dessus de cheminée en velours et tapisserie au point.

169 — Deux paires de rideaux en soie rouge, bordure à rubans et guirlandes de fleurs.

170 — Paire de rideaux en brocatelle, fond vert.

171 — Trois portières orientales.

172 — Deux paires de rideaux de drap.

173 — Lot de tapis divers : tapis de Smyrne, d'Orient, carpettes et maquettes.

DÉBARRAS

174 — Salamandre incomplète.

175 — Batterie de cuisine.

176 — Chambre de domestique : mobilier courant.

Objets appartenant à Divers

177 — Clavecin de *Joannes Ruckers d'Anvers*, laqué noir, monté sur sept pieds cambrés, ornés de petits bronzes. Table d'harmonie, avec gouaches et médaillon de bronze. Deux claviers de cinq octaves, dont le supérieur est mobile. XVIIe siècle.

Long., 2 m. 35 cent.; larg., 92 cent.

A figuré sous le nº 4 au Musée Centennal, classe 17 de l'Exposition universelle de 1900.

178 — Ancienne tapisserie des Flandres : Prise d'une ville, composition animée, au premier plan, de nombreuses figures de guerriers; dans le fond, vue de la ville entourée de collines.

Haut., 2 m. 38 cent.; larg., 4 m. 40 cent.

9 782329 501390